EL AFILADOR
DE ESTRELLAS

JUAN MANUEL NAVARRO ALFARO

Aliarediciones

Corrección: Julia Salas
Diseño de cubierta: Laura S. Ayuso
Maquetación: Aliar Ediciones

Depósito Legal: GR 220-2024
ISBN: 978-84-10155-50-3

Impreso en España

Edita
ALIAR Ediciones
www.aliarediciones.es
info@aliarediciones.es

PRÓLOGO

Hablaba Santiago Ramón y Cajal de esa «intimidad cordial, mezcla de amistad y de respeto, entre maestro y discípulos, sin la cual la labor educadora constituye el mayor de los martirios». Esto todavía resultaba posible antes de la implantación de la nefasta LOGSE y sus secuelas. A mediados de los años ochenta y durante dos cursos, impartí clases en el instituto Padre Poveda de Guadix y mantuve ese trato con diversos alumnos. Dos de ellos son hoy notables poetas: Antonio Praena y Juan Manuel Navarro Alfaro. Este último ya era entonces un gran lector que sentía verdadera pasión por la Historia, por los monumentos del pasado y por los libros.

Hoy, treinta y ocho años después, da a luz este gran poemario lleno de fuerza, de dolor y de emoción. Juan Manuel Navarro siente viva amargura ante un mundo que se deshace con las guerras y las ambiciones de los poderosos. Y levanta la voz en un firme alegato contra esos horrores. Nos encontramos, pues, ante un poeta solidario, profundamente humano, que anhela una vida serena y colmada de paz para todos los pueblos del planeta.

En «El afilador de estrellas» se analiza la constante antítesis entre el bien y el mal, entre Dios y Satán. El poeta se dirige a un Dios que es el de todas las religiones, aunque se lo nombre de distintas maneras: Alá o Yahvé. El arcángel Uriel, que vela las puertas del Paraíso no permite que los hombres retornen sin haberse purificado en la sangre. Y de todo ello se nos habla en estos 101 poemas estremecedores, intensos, que llegan hasta el desgarro.

El autor lo hace con estilo sencillo, pero muy cuidado y en todo momento se alinea con los más débiles: las mujeres, los ancianos, los niños... Está con ellos porque un poeta verdadero siempre está con los de abajo.

De este modo, el poemario oscila entre la desolación, la piedad y la llamada a reaccionar ante las fuerzas del mal mediante una postura solidaria y esperanzada. Por ello tenemos ante nosotros una poesía muy actual y necesaria escrita con amor, una poesía reflexiva en la que el poeta pasa: de preguntarse: «para qué estar aquí», a proclamar unas nuevas bienaventuranzas.

A veces, ante el atroz espectáculo que aparece ante sus nobles ojos, Juan Manuel Navarro Alfaro busca el refugio de la intimidad:

> «La casa es la orilla
> donde el mar detiene
> su bravura.
> Donde se respira
> un poco de verdad».

En suma: con «El afilador de estrellas» se nos descubre eso tan raro hoy y siempre: un poeta auténtico, de alma grande y voz limpia y certera.

Fernando de Villena

Agradecimiento

A mi familia. Ellos me recuerdan
cada día lo afortunado que soy y el
mundo en el que piso.

Dedicatoria

A Samuel.
Llegaste a la playa de Barbate
ahogado buscando una vida mejor.
Ojalá en el cielo que estés y con el Dios
que te acoja puedas cumplir tus sueños.

NOTA DE AUTOR

El mundo está en peligro. Las guerras que acechan y las que nos rodean han hecho que la vida que hemos conocido se sienta amenazada.

Las humanidades y la ciencia caminando de la mano en algunos países nos han llevado junto a la democracia a un estado de bienestar y prosperidad difícil de igualar.

Esto no ha sido igual en muchos otros lugares donde el terror ha sido el modo de vida de mucha gente. Especialmente mujeres, ancianos, niños y enfermos.

El totalitarismo, comunismo, dictaduras, capitalismo junto con el fanatismo, mal llamado religioso, han hecho que en muchas partes vivan en unas tinieblas permanentes.

Refugiados, exiliados, personas que están al margen de una sociedad capitalista y fanática viven al borde si no inmersos en un mundo infrahumano.

«El afilador de estrellas» nació y se gestó en mi cabeza sabiendo que es un mundo totalmente desconocido para mí, ni he sido refugiado, ni he vivido guerras, ni he sentido de cerca el terrorismo.

La lejanía del dolor, de tantos hermanos que sufren en la distancia no me puede hacer inmune y mucho menos siendo nieto de abuelos que han sufrido la guerra e hijo de inmigrantes.

En el ser que sufre estamos todos y todos tenemos que ayudar de una manera u otra a resolver los conflictos que hacen de este mundo un infierno.

La mayoría somos gente buena y honrada y el mundo se tiene que aprovechar de eso pues todos estamos interesados en prosperar y vivir en libertad.

Europa ha sido durante los últimos años la luz para muchos pueblos, el espejo donde cualquier país querría reflejarse.

A pesar del mundo cruel en que nos adentramos, en este poemario busqué un hilo de esperanza, una fe para guiarnos. El arcángel Uriel, arcángel de la luz, sobrevuela el poemario dando calor y fuego a un mundo helado, lleno de miedos y terror.

En el fondo muchos conflictos que nos ocupan están originados por motivos religiosos.

El poemario se divide en tres partes:

Primera parte (El llanto de los querubines).

Un grito de desesperación ante el sufrimiento provocado por grupos yihadistas que se han convertido en un enemigo mundial sembrando el horror en cualquier lugar.

Segunda parte (Tiniebla).

Intento reflejar el dolor y el sinsentido de una invasión a un país soberano por parte de Rusia.

Vivimos atónitos la entrada en una Segunda Edad Media, oscura, en donde nuevos nobles intentan conquistar nuevos imperios.

No había terminado de escribir la segunda parte, Tiniebla, cuando un nuevo acontecimiento rompe el orden mundial y provoca un desequilibrio que hace temblar los valores éticos del mundo.

Guerras ancestrales, odios nacidos a lo largo de los siglos siguen regando de sangre las calles de Palestina e Israel.

Tercera parte (El sueño de Ares).

Dos pueblos condenados a entenderse nuevamente se desangran con miles de muertes inocentes.

Poemas escritos desde el más hondo sentimiento en los que he desgarrado el alma para sentir y saber qué sienten las personas que están condenadas desde su nacimiento a sufrir.

Escribir este poemario para mí ha sido un intento de ponerme en el lugar de estas personas.

Acercar el sentimiento a sus sufrimientos. No dejo de pensar en estas mujeres, estos niños pequeños, en los ancianos en los campos de refugiados donde nada es todo lo que tienen.

El reflejo verdadero de este libro en mi conciencia, y espero que en la de ustedes, es **Samuel**, niño de pocos años que apareció ahogado en las playas de Barbate. Días después su madre también apareció muerta en las playas de Argel.

Personas huyendo de genocidios, de terrorismo, de guerras, de catástrofes naturales, de hambre, huyendo en muchas ocasiones de ellos mismos, de su dolor.

Personas que se encuentran las puertas cerradas cuando, con el horror escrito en el rostro, llegan a las fronteras.

Seamos más justos. Seamos una sociedad más humana.

Algún día los que somos cristianos llegaremos también sin papeles a las puertas del paraíso y allí estará Uriel, nuestro arcángel, guardándolas.

Algunos se ahogarán en el camino y otros esperarán su purgatorio, pero quien llegue esperará con el alma llena de alegría que les abran las puertas y les brinden esperanza.

Eso esperan hoy nuestros hermanos. Eso esperaba Samuel y su madre. Que les diésemos calor y libertad.

En este poemario no se juzga a nadie. Solamente me adentro en lo más hondo del alma humana para encontrar los sentimientos más primitivos. La búsqueda sin sentido de la maldad humana.

La poesía nos hace ver a veces el inframundo, el sentimiento trágico de la conciencia.

La espiritualidad de lo que no entendemos, ni vemos, ni sabemos explicar.

Vivimos tiempos convulsos. La segunda Edad Media está a las puertas de Europa. Las alas de satanás parecen cubrir el mundo.

O nos alejamos del fanatismo y las mentiras de los nuevos condes, duques, marqueses (políticos, medios de comunicación, capitalismo) o el mundo dejará de recibir la luz del afilador de estrellas.

Juan Manuel Navarro Alfaro

EL AFILADOR DE ESTRELLAS

JUAN MANUEL NAVARRO ALFARO

Primera Parte

EL LLANTO DE LOS QUERUBINES

Viendo caer la tarde,
lo que miras ver caer es el mundo.
Ves caer el mundo
como tú mismo caes,
con el peso de tu vida,
con el peso de tus sombras.

Antonio Enrique

Creyeras que es
la noche cuando
avanzas,
y el sol no se ha
dormido todavía,
pero las altas
ramas
de pinos y
cipreses
impiden todo
atisbo de luz.

Fernando de Villena

I

GUERRA

Arrodíllate y reza
no, navega
navega sobre tu llanto.

León Felipe

Las guerras existen porque una luz negra
se enciende en el corazón de los hombres.
Entra infinita en su mirar.
Latiendo fuerte, con los labios secos.
Desparramados.
Las guerras existen para ver perder al otro.
Nadie gana.
Tejen una luz insoportable, sin sombra,
entre la tierra desgarrada.
Las guerras no son humanas.
Quizás sea cierto que los dioses
las ordenan,
que envían arcángeles
para llenar los cielos e infiernos
de sangre nueva.
Las guerras existen porque una luz negra
se enciende. Afilada. Como el apéndice de un lucero.

II

VICTORIA O SEPULTURA

Vosotros, que solo sabéis vivir
para regresar a la tradición.
Vosotros, que tan solo sabéis de la vida
la victoria o la sepultura.
¿En qué extraña región habéis nacido
que la noche no alcanza
más allá de rincones sin promesas?
Vosotros,
que traéis guardadas las tardes
violetas y sin dicha.
Rescatadas de una ventana abierta
donde el frío del alma se congela.
Vosotros que sois promesa de antiguos ángeles.
¿Habéis pensado que, en el espejo, que es el cosmos,
inventado por Él,
se refleja la noche de esta noche?
Vosotros ¿sabéis quién bendice el amanecer,
las derrotas o los sepulcros?
Vosotros combatientes que rezáis por matar
antes que morir, ¿pensáis en quién abre la puerta,
larga como una presencia
y se desploma al abismo
tras la muerte que provocáis?
¿Podrás ver en los ojos de tus hijos
tanta gente desvanecida, derrumbada?
Nadie puede olvidar el olor del silencio y la tierra.
Nadie puede olvidar la tierra en silencio.
Antes de matar, para que puedas seguir vivo.

¿Piensas en el frío o en el corazón que latía
caliente?
¿En la flor con pétalos o en la flor ya marchita?

III

CLARIDAD

Desde aquellas noches
con reflejos de bombas y oraciones,
cruzando el muro de la indiferencia,
se reflejaba
en la memoria
la confusa tarde prometida
y ya olvidada.
Alguien buscaba en su casa la guerra
y en los patios el olor de la sangre.
Alguien buscaba en su memoria las voces
cercanas
y el preciso rostro de una vida dulce.
Imagino que esta noche sola de dolor
solo encontrarán el abrigo de la duda
en un cajón
y el calor de la muerte en las esquinas.
Tarde ya en la tarde,
perdidos en el tapiz del terror,
seguirán buscando una sangre
que algunas madres besan al borde
de los caminos.

IV

NADA

Llegó el dolor al pueblo.
Pensaste que pasaba de largo,
que no llamaría a tu puerta.
Pero se metió dentro
y se comió a la gente como una bestia,
insaciable.
Llegó el dolor
y la guerra humeó
como agua sobre cenizas.
Por casas, colinas y murallas.
Atracó la despensa del alma,
durmió en cada corazón
y como viento malvado devastó
hasta el aliento.
Hasta que apenas quedó nada.

V

GRITOS

Volver a gritar en la noche,
simplemente gritar.
Beber un té, fumar unos cigarrillos.
Nada distinto de ayer.
Dar un paseo, sentarte en la plaza
hasta que el silencio se desplome.
Pensar a sorbos el pasado.
Visitar a los primos, tíos, hermanos
sin dar un mal paso que aventure
lo que está por venir.
Discurrir en la tarde
los subterráneos del viaje
y llorar.
También llora quien hace el mal.

¿Tendrá alma quien vendió
su alma al mal?

Caminar por las viejas calles
de la ciudad arrodillada.
Despedirte del viento.
De tu padre, tu madre y abuelos
y caminar por las viejas calles.
Con una bomba en la cintura,
mirando, sin mirar, sin mirada. Ausente.
¿Quién morirá en unas horas?

Quizás niños que jueguen al sol
a la hora que la claridad se esconde.
Quizás padres que lleguen a la hora
donde la derrota los espera.

VI

ÉXODO

¿Abres las aguas
sobre el camino del asombro
o eliges la esclavitud
en la orilla?
No renuncies a tu alma
ni olvides tus himnos.

Es perverso el viaje de quien
no va a ninguna parte.
Hay hombres que caminan toda su vida
buscando un lugar sin nombre.
Éxodo eterno.
Y hombres que alcanzan en los cielos
la quietud que en la tierra los derrumbó.

VII

GALOPABA EN LA NOCHE

Yo no sabía que el llanto de los niños
se escuchaba a miles de kilómetros.
Galopaba entre la noche inmensa,
se escondía entre los filos de un papel.
Donde yo esperaba con el lápiz,
atraparlo.

VIII

ESPERANZA

Cuando las noches duerman sin temores,
dormido quedará en tu pecho el gozo.
Crecerán los paisajes en enredaderas
sin polvo
y la robusta tierra vencerá al fracaso
del paraíso.
Cuando el curso de los años sucumba sereno
y cierre el pergamino
comenzará la inmensa luz en calma.
Las madres limpiarán las sombras
de sus calles
y la alegría se acercará penetrante
hasta tatuarse en ofrenda afortunada.

IX

DESESPERACIÓN

Estás respirando un aire tranquilo
donde la oscuridad se acostumbra
a la frescura de un rostro divino.
Sellas con lágrimas la ausencia
oculta que desaparece con alas
hacia la niebla. Seca.
Muerdes
entre un estrecho congojo
la superficie de tu barrio.
Arrasado.
Hasta que los sentidos
abrigan el temblor de odio
que eres.
Las líneas oscuras
de la noche
dibujan un viento gris,
un llano de metal y escombro.
La locura penetra como un relámpago
puntiagudo en los patios de tus vísceras.
El odio eterno se enquista
en las pupilas.
La desolación frente al terror
llena el cielo de espíritus sin luz.

X

DESOLACIÓN

Acostúmbrate a la desolación, es fácil.
Comprueba la fuerza de la vida,
en tu vida,
cada día.
Busca en el silencio tiempos fríos,
y en el corazón, veredas y caminos.
Escapa de la noche,
como un perro tras su presa.
Acostúmbrate a la muerte, no duele.
Mírala, aún anda viva.

XI

NOCHES DE BOMBARDEOS

Se puede prender fuego en el aire
como si de un aire de tristeza se tratase.
Es un aire de urgencia
que te deja sin recuerdo.
Cuando solo queda el humo
solo hay manos sucias y sangre.
Al amanecer muchos cuerpos
solo son cenizas.

XII

OFRENDAS I

A ti, Yahvé, que pueblas los ríos del alma,
que coronas con santidad el amor de las palabras,
a ti, te dan las flores y la miel,
los sueños de los niños
y el júbilo de toda la tierra.
A ti, ya ves, que nada te deben.
Te piden la paz y la luz,
el lenguaje nuevo donde los hombres
puedan tocar la tranquilidad de vivir.

XIII

OFRENDAS II

A ti, Alá, te ofrecen los valles,
las sonrisas, la lluvia azul
y la gratitud.
Deja para otros dioses la aventura
del desierto.
Guarda en los libros el dolor
y su otoño
y deja crecer las cerezas
como niños.
Deja caer la nieve en la luz
de los desiertos.
Guardemos la venganza
en un rincón frío,
donde nunca entren los invitados.

XIV

JESÚS

Lo llaman Jesús
y nació
cerca de unas montañas.
De niño cuidó cabras,
acarició la madera y sus formas,
endulzó dátiles. Fue buen hijo.
Ayer encontraron sus zapatos
bajo la marea de escombros.
La carta de su vida se terminó
de escribir
como una noche inmensa.
Absurda.
La franja está en silencio.
Huele a olivos.
Empieza a despertar otra mañana.
De Jesús solo quedaron sus zapatos y su nombre.
Herencia para la historia,
esa historia de los hombres y sus odios,
del poder y sus miedos.

XV

NO TENGAS DUDAS

Aún no sabes
cómo se puede adivinar
quién se esconde detrás de las ruinas
de algunos corazones.
Dormidos entre escombros.

Has conocido miserias, miserables y canallas.
Has explorado caminos sin aliento.
Has visto la muerte gratuita
urdida en las cercanías de un lugar
sin encuentros.
Ya no tienes dudas,
regresas a cada sueño
con la absurda pesadilla
de muertos en los campos,
de hombres que rezan,
de profundos llantos,
de temblores sin esperanza.
Pronto los fuegos recibirán el alba.
Una lluvia extraña se derramará
sobre el invierno.
Quizás hoy aprendamos a vivir.

XVI

DESENCUENTROS

Enero ha sido un lugar de desencuentros
ajenos a la memoria extravagante
de políticos y diplomacia.
Vuelven todos al hotel
vestidos de luto en su rostro.
No hay acuerdos,
solo estaciones en sombra.
Aquello que buscan,
las palabras lo esconden.
Extraño capricho haber perdido el tiempo,
la vida y tantos siglos
buscando cosas que todos conocemos,
palabras que se cruzan en la arena,
paz que se olvida.
Inútiles treguas con trozos de rencor.
Enero ha sido un lugar de desencuentros
recorrido por tardes de dolor.
Nadie recoge ya las dudas.
Los mandatarios se detienen y saludan,
saben que la noche sabe a sal
y a derrota.

XVII

ÁNGEL SIN VIDA

Si supieses derramar el odio mirando fijamente.
Si supieses enredar tus ojos de cristal en el pecho.
Si pudieses levantar en volandas el abismo
y despegar la piel de tus huesos
ya sin memoria.
Si supieses pronunciar tu breve nombre,
despertar tu suave cuerpo,
acariciar tus dulces mejillas.
Si supieses resucitarte
de esa oscuridad
ceñida de sombras.
Si supieses cómo parar tu viaje
y volver tu alma a ti.
Si supieses
amanecerías vivo
y los días claros
se perderían en tu inmensa primavera.
¿Volverá el hermoso sol de tu desierto
a darte abrazos,
el agua del pozo a correr por tu pecho?

XVIII

MOHAMED

Mohamed lleva encarcelado el rostro
y libre la palabra.
Sueña con su esposa y sus hijos.
Día y noche esculpe plegarias
arrojándolas al frío.
Lo trajeron dos hombres, hará tres días.
Traía en sus ojos anunciado el tránsito
de quien espera morir.
Para Mohamed terminará su viaje,
se anclarán las esperanzas,
el rostro
de su dios en el pasado
se diluirá en sus labios color cereza.

—Diles que pregunten por mí —decía su fiebre entre barrotes
de una cárcel podrida. —
Soldado, diles que pregunten por mí
esta noche.
Cuando veas almas enjutas
que buscan sangre para volver a nacer.
Díselo. No tengo nada, ni fuerza ni aliento.
Solo sangre para derramar
por Él. El que todo lo ve y todo lo sabe.
Díselo a Él. Allí me espera.

XIX

EL TIEMPO DETENIDO

Es bueno que el tiempo pase,
que se detengan los asesinatos.
Que las horas corran
y en esta tierra brote savia nueva.

XX

QUISIERA

Quisiera que tu voz fuese tan fuerte
que su eco derrumbara cordilleras.
Quisiera que tu voz abriera el pecho en dos
y acogiera la luz de Uriel.
Quisiera hervir la sangre
en ollas de porcelana,
licuar los rencores
y colarlos con viento invisible
de rosas y sueños.
Quisiera juntar todas las manos
en una misma bandera.
Quisiera estar vivo para ver el abrazo
de tanto pueblo que sufre.

XXI

SACRIFICIOS PERDIDOS

A los que mueren durante el camino,
buscando un mundo mejor.

Y pasan en silencio
con su cáliz de viento
a través de los rebaños.
Y al final, entre el mar y el desierto
se abre la tumba
con olor a estrellas,
a constelaciones infinitas.
El sueño de este hombre
era terminar sus sueños
y ahora envuelto en un sudario,
jaula del destino,
respira la miserable desolación
de las rocas.
Vivirá ahora en las tinieblas
perdido en el fracaso de la helada arena.
Solo, solo y sin alma.
Sintiendo el frío del viento
en los enigmáticos latidos de un nuevo pecho
donde el viejo Dios aguarda
aullando el sacrificio.

XXII

DONDE LOS DÍAS SE DORAN

Contemplar estos lugares santos.
Admitir su hermosura en la mirada.
Traer a la memoria los siglos consumidos
y participar de la tierra que renace.
Esconder los veranos en los arados.
Contemplar la vida sin reproches.
Vivir, simplemente vivir.
Contemplar la tierra de nuestros
abuelos. Infinita.
Sin ilusión ni esperanza.
La retina se derrite de congoja.
¿Dónde quedó el ocre de los trigos?
¿Dónde los rebaños?
¿Dónde los niños corriendo tras las cabras?
¿Dónde el olor a calostro y queso fresco?
¿Dónde el calor de la hoguera?
¿Dónde los sueños?
¿Dónde el cielo azul que inunda
las mañanas y el manto de estrellas
que nos cubría en la noche?
¿Dónde quedó todo?
Si el presente es matarnos unos a otros,
si todos esperamos de los demás la muerte.
¿Para qué queremos el futuro?

XXIII

LA LUZ ESCONDIDA

El tiempo enfrentado
vencerá el estrecho argumento del rencor.
Extraerá de algunas vírgenes
la melancolía de un pecado habitado,
negará tres veces
la luz,
la sombra
y la palabra.
El tiempo culpable de sí mismo
arrastra su cabeza y su bastón
donde la luna emprende su curso
y el sol forma el cosmos,
donde los Dioses se esconden de Él.

XXIV

LAS ALAS DEL MAL

Contemplas el mal
y sus alas.
No tiene fin.
Desnudo se arroja
a las tardes.
Ardiendo de pronto.
Falsos ángeles
vuelan desabrigados
mostrando luces negras.
El mal se esconde.
No quiere marcharse.

XXV

VOLVER A TI

No hay que cruzar
el fondo de tus ojos
frente al huerto
para volver al cuerpo
que te abraza.
No hay que cruzar
tu alma
para saber
que en el dolor
también habita el amor.

XXVI

EL CIPRÉS

Ven y mira el ciprés
enredado entre tu angustia.
Desborda sin límites
el hueco de las palabras
contra la irremediable suficiencia
de la oscuridad.

XXVII

HE VISTO UN NIÑO

A Samuel. Apareció muerto
en las playas de Barbate tras
un naufragio.

He visto un niño escrito en párrafos
que conjugan el futuro imperfecto
frente al mal.
He visto su rostro —opaco—
de mirada imprecisa
con los pies en la arena
y entre sus dedos tempestades de luz.
El tiempo apenas le dio opción
a medir cuántos centímetros
tiene la felicidad.
Dormido quedó en el último estallido.
Con grietas en el rostro.
Miradlo,
ahí está,
frente al invierno
que cruje como nueces
con labios de dátil
y trenzas de coral.

XXVIII

FRONTERA

Esos caminos
que van al paraíso
son zanjas de cuchillos,
fronteras amargas
prendidas de fuego.

XXIX

LA ESQUIZOFRENIA DEL PARAÍSO

Es una tragedia vivir
la oscura realidad
del destierro. Que se burla
como el viento de un cirio.
Es una suerte vivir.
Suerte sentir incluso el dolor.
El dolor nos hace humanos.
Sentir el dolor. Nos recuerda estar vivos.
Es una tragedia vivir entre leyes de hombres
que sueñan con la justicia de dioses.

La luz de algunas velas se refleja en los rostros
desvanecidos que callan en el velatorio
de una noche cerrada.
El paraíso recibe cuerpos de seres que no tuvieron
tiempo de despedirse.
Se llena de sombras.
Cuerpos callados. Ausentes.
Cuerpos sin libertad.
Ya no nos asombra
la esquizofrenia del paraíso.

XXX

VOLVER AL REGRESO

Volverás a regresar sobre los pasos
de aquel junio
cuando no sabías nada del futuro.
Esconderás tu nombre dibujado en tu templo
y respirarás cerca la brisa de Yahvé.
Devolverás los sueños a tus calles
y lamentarás el cielo suspendido
entre mil almas.
Donde duerme como un águila
la venganza solitaria de esos Libros Santos
que no descansan.

XXXI

ORACIÓN

No quieres sentir la memoria
furtiva en la estancia
que transitas mientras duermes
y miras la blanca habitación,
su techo callado,
mientras rezas.
Es extravagante permanecer
paralizado. Mirando al vacío.
Hablando con un extraño.
De la quietud que nos envuelve.
De la espiritualidad que nos abraza.
La puerta del alma abierta.
Los ríos del firmamento
fluyendo como torrentes
sobre el corazón.
Quédate con nosotros.
Dentro del destierro
que es la vida.
Protégenos
de estos laberintos
que navegan sin razón.
Vuelve a nacer en nosotros.
Ciegos ya de buscar tanto el camino.

XXXII

LA VOLUNTAD

Repentinos lienzos de hermosura
crecen en el Corán de los sueños.
Soledades extendidas
que nacen como oleaje
en la acequia de las ilusiones blindadas.
Arden los jazmines
en el sigilo de tu pena.
Sombra estallada de olvidos.
En el harén de la voluntad
está escrito el equilibrio.
El socavón del dolor
está inundado de ilusiones,
de hombres con ojos de aceite
y manos de trigo.
¿Tendrá el dolor también su fin?
No quisiera que el futuro
se lo llevase el aire
descifrado en dibujos,
cómplice del mal.

XXXIII

AQUÍ NUNCA ES MAÑANA

A las víctimas de la sala Bataclan.

Arreciaban en el viento
las claras aguas de la memoria,
rescatadas del embravecido martirio
de un pueblo con urgencias y sin tierra.
Los vientos volvían de Oriente
apenas con luz en la bocanada de la noche
y el tiempo quedaba a nuestra merced. Todo.
Como una urgencia sin voz.
Tuvieron que ser muchas caras
tiradas en la calle,
sin primavera en los ojos,
y encontrar en el final de la tarde
el punto donde la historia araña
el infortunio.
Aquellas noticias que iban y venían
galopaban pintadas de asesinos.
La pólvora se fraguaba como violetas
redondas en la noche estrecha.
Tras el concierto
la sensación de sangre y agua
evadió los sueños vencidos.
La espuma del dolor
os dio la mano
para acompañaros
nuevamente
a la ciudad de ayer.

XXXIV

LAS ESTRELLAS

Las estrellas se abren
como un estallido.
Arrastran su desorientación ebria de amargura.
Las nubes. Sin forma. Atraen el espíritu del cosmos.
Se separan del cielo que quema. Dentro.
Una legión de almas se arrastra
flotando sobre pétalos de sangre.
La Quibla
en el cielo abre sus llagas
atendiendo las quebradas voces
que desde dentro se expanden.
Allí, los rostros ciegos y abatidos
entre fe y serenidad,
esperan ser acogidos por la muerte.

XXXV

EL CANDELABRO

El candelabro está suspendido
en siete mares
alumbrados por la constelación de Dios.
Separado del espanto de los hombres
palidece arrastrando su amargura
por la inmensa tempestad
de un futuro incierto.
Oculto tras el quieto aire de su destello
sujeta enaltecido la columna del tiempo.
Míralo. Descolgado de su forma.
Visible en su mirada.
Separado eternamente
de los mortales cuerpos
que fluyen como meteoritos
en el extravío de un bosque de cipreses,
donde la batalla se engaña.
Donde los hombres se distancian.

XXXVI

NUNCA MÁS VOLVERÁN AL MUNDO

Nunca más sus dioses los devolverán al mundo.
El ciego sacrificio de su fe
no recorrerá más desiertos.
Esperarán cubiertos de santidad
la ascensión que los cubra
de pétalos y mirra.
Las mujeres llorarán
hasta romper sus pulmones
y los dioses recogerán las lágrimas
para lavar los cuerpos.
El aliento sereno del paraíso
embalsamará el dolor
con lienzos de angustia
y romperá la tierra
donde descansarán los ausentes.
Una legión de arcángeles
entregarán a los dioses
lo más hermoso. La sombra que nos protege.
Lo que no tiene nombre. Ni forma.
El último aliento
donde descansa la luz.
El oasis de todo ser.
Su alma.

Segunda parte

TINIEBLA

La primavera insiste en despedidas,
arrastrando sus cadenas de cuerdas,
su lino sordo, su desnudez de ocaso,
el lienzo flameado como una sábana de lluvia.

Vicente Aleixandre

Y lágrimas de dolor
profusamente os bañaron.
¿Por qué motivo en el mar
no os ahogaron las lágrimas
o en el campo os esparcieron?

Taras Shevchenko

XXXVII

LLUVIA DE SANGRE

La casa abandonada.
La flor sola, desnuda.
La mariposa
abriendo las alas,
como si la vida detenida
no le importase.

Se oyen las grietas de la madera,
humeante.
Arden las zapatillas
de quien corrió descalzo.
La flor deja caer
gotas de rocío.
Como si no hubiese pasado nada.

No hace sol. Llovizna.
En este instante. Con fuerza.

La casa abandonada.
La mariposa con las alas heridas
del viento.
La flor marchita.
Las zapatillas quemadas.
Todo huele a sangre.

XXXVIII

LA MECEDORA

Sentados en la mecedora.
Quietos como quieto
está
el futuro.
Sentados ya sin alma
y el corazón parado.
Con los ojos abiertos,
con el alma abierta,
en súplica marchita.
Sentados en su mecedora.
En la mecedora que fue de sus padres
y de sus abuelos.
Sentados no es forma de morir.
Muertos en una mecedora
no hay futuro y el pasado se esconde.
El bombardeo les arrasó
la vida sentados
en su mecedora.
¿Quién volverá a zarandearla
por las tardes mirando el vacío de vivir?

XXXIX

NUESTRA TIERRA

La huerta huele a brasas
y ya ni los pájaros
sobrevuelan el espacio azul
del patio o la terraza
del ático.

Nuestra tierra sembrada
también se ha doblegado
al espanto de la muerte.
¿Tendrán hambre
estos hombres que solo ven campos
sembrados de sangre?
¿O quien sufre tanto
no necesita alimentarse?
La tierra huele a tumba.
Abierta.
Como un perro destripado.

XL

INVIERNO

Se nutre en la noche
el aire que lame
oxidado
las armas y su sombra.
Para encontrar en ella
la estirpe de un tiempo detenido.

El invierno se abre.
Escondido. Impostor.
Cerrado y sin pensar.

Hoy es invierno.
Tiempo sin colores
donde chapotean
los esqueletos
que se esconden
de una guerra
que sin avisar
voló ligera.

La noche camina presurosa,
sin zapatos.
Matando el tiempo
que no tenemos.

La memoria prendida
en la ventana
mira los paisajes.

Es invierno y las armas
oxidadas
cierran los ojos.
Disparan.
Disparan lunas que lloran
y rosas marchitas,
a la velocidad de una golondrina.
Y luego lloran
quedando quietas
como el tiempo. Detenido.
En la muerte que encuentran.

XLI

EPÍSTOLA

Vivimos
a medio paso
entre la ceguera y la decepción.
Sin pensar hasta hace poco tiempo
que a nuestras espaldas
nuestros hermanos
nos bombardearían
mientras dormíamos.
En todos los sueños
hay una respiración cansada
desde ese día,
un olor a piel quemada,
un desesperado llanto,
un sabor a tierra quebrada.

Ucrania esta vestida
de luto.
Desesperada en el entierro
de sus hijos.
En todos los sueños hay una agonía,
una batalla, una mentira.

XLII

PREGUNTO

Y te preguntas si los pasos
los da el alma o se agarran
como un nudo de plata
a la tierra que los sustenta.
Al menos ayudan a alguien
a seguir buscando
entre la oscura profundidad
del silencio.
Y te preguntas si seguir caminando
desgarrados,
fríos y rotos
mientras las letras de nuestros nombres se vacían.
¿Cómo protegerse de la soledad?
¿Fue Dios quien soñó este mundo
o fue un vómito de sus ángeles?

XLIII

CRISTALES ROTOS

Cuando amanece
los cañones
fundidos
de sol
brillan con el salitre
que los alumbra.

Unos hombres vienen a buscarte.
Recogen vuestro cuerpo
de la tierra sucia.
Cuando amanece
el silencio rompe los oídos
después de una noche
salpicada de estruendos.
El día atraviesa la cruz
de las iglesias, los techos más altos
dejan caer las gotas de la noche helada.
Los cañones de los tanques
brillan sobre el hielo de las calles.

XLIV

AMOR EN LA FRONTERA

(Carta de Akram)

Te amo, a ti, que brillas
con esa extraña apariencia
de estar instalada
en contra de todo.
Te quiero
demostrar
que no hay nada más hermoso
que quedarnos sentados
en la frontera de una guerra
juntando nuestras almas.

XLV

EL AFILADOR

Vendrá a ti para combatir la noche.
Derrotará los sepulcros
entre el espeso polvo que levanta el aire.
Por la llanura sobre un águila
vendrá. Huyendo de la oscuridad
transparente.
La noche en Ucrania es negra
y los días de espuma. Intensos.
Apretados como una rosa
sobre el tallo.
Vendrá a ti con su estandarte,
rodeado de querubines y serafines
a la hora justa
donde no se digan muchas palabras
ni el silencio reine.
Vendrá como el río que caminando
acaricia las montañas y refleja
en el día el azul del cielo.
Vendrá a combatir con vuestra gente.
Indignado del terror rojo.
Rojo en el aire, rojo en la vida, rojo
en la muerte. Todo rojo. Todo sangre.
Dictadura malvada de colores.
Vendrá el afilador con su estandarte.
Claro como la mañana.
Brillante como el atardecer.

XLVI

ALAMBRADAS

Callados
cometieron los pueblos
el mal que aún acecha.
Con pico y pala
sembraron alambradas
frente a la impía desesperación
del mañana.
Aún siguen callados, todos,
sembrando alambradas
a pico y pala
para cosechar el mal
que los acecha.
Y sin esperanza.

XLVII

LA HABITACIÓN ROTA

Las colillas de cigarrillos
apagadas son tantas
como los días de suciedad
en que habitas.
Las canciones de la radio
suenan como si nada
ni nadie les dijese
que una guerra nos destroza.
Boom! de System of A Down
se esconde en el vacío
de la habitación rota.
Tienen nombre los que aprietan
los dientes.
Hace miedo. ¿O quizás frío?
¿O el miedo no se hace?
Se tiene
como se tiene la esperanza
y el deseo.
Como se tiene la felicidad,
como se tienen las palabras
que aguardan a ser dichas
a los que más se quiere.

XLVIII

TODO CAMBIA

Todo cambia rápidamente.
Antes de desaparecer.
Deja una sombra,
como destello de constelación fugaz.
Todo dura el tiempo
de una noticia en el telediario
y después las cenizas
del fuego vuelan
hacia el olvido.
Todo cambia rápidamente.
Se transforma en soledades,
canas, llanto y gritos.
Todo cambia... pero los hombres
deben recoger en vasijas
las lágrimas de Ucrania
para bautizar a los nuevos
niños que detendrán el tiempo,
para poder respirar.

XLIX

LA HORA DETENIDA

Palpita el corazón
con todo lo vivido.
Nunca llegará
el sosiego.
¿A qué hora
se puede detener
la realidad?
Y seguir viviendo.

L

LUCHAR

Para que puedan seguir vivos
hacen falta pocas cosas.
Olvidar los paraísos
y utopías
que hombres con disfraz de infierno
sueñan.
Para estar a salvo
de quien los somete y aniquila
no es suficiente respirar.
Hay que caminar a mundos
internos, explorar la conciencia.
Buscar en las entrañas de sus vidas
el cielo que llevan escondido,
el paraíso oculto que los arropa
y luchar. Luchar para seguir vivos.

LI

VIVIR TAN LEJOS

A los refugiados.

Buscas la luz
de un nuevo día.
Envuelto estás
en la piel del otoño.
Al aparecer el Sol
tejió en tu memoria
los años que recuerdas
de tu infancia.
Inexplicablemente
desde entonces hasta hoy
parece que solo quedan
pequeñas parcelas
de sonrisas y grandes
extensiones de dolor.
Vivir lejos de tu rostro,
de tu luz,
de la distancia que separa tu casa
de la panadería, del parque
o el bar de siempre.

Vivir lejos,
respirando otro aire.
Recorriendo la distancia
que te separa del dolor.
Descendiendo al cráter
de la desesperación.

Vivir lejos.
Cuando de nuevo
la noche atraviesa
el gris del cielo
y cae el nombre
de todos tus seres queridos
sobre la conciencia del tiempo,
un mes, una semana,
un día y una hora
afilada como una estrella.
Duele.
Duele vivir tan lejos.
Donde nadie nos quiere.

LII

A PESAR DE TODO

Te preguntas en la soledad que te acoge
¿cuánto tardará el día en que mueras?
Demoras el tiempo en exceso. Te extiendes.
Imaginando la belleza imposible.
Construyes momentos sin miedo,
alimentas el deseo de volver
a tus horas... donde la víspera
del bombardeo sentías el placer
de vivir.
Hay momentos en la vida
en que todo hiere.
Sentimientos oscuros en la memoria
en que todo mata.
A pesar de todo siempre se puede
soportar la frágil línea
que nos separa del Paraíso.

LIII

ALGUNA VEZ

A las mujeres sin libertad.

¿Alguna vez te has detenido
leyendo el rostro de quien sufre?
¿Te has trasladado desnudo
a su conciencia?
¿Has sentido la belleza
de su alma?
¿O simplemente como hormigón
creaste el invisible gesto
de quien no ve más allá de su rostro?
¿Algún día te paraste conmovido
con la mirada sin sonrisa
viendo desnudos frente a ti
a tantos seres humanos que sufren?
¿Sí?
¿Sí lo hiciste?
¿Te engañaste conmovido
ante las brasas de tanta herida?
¿Viste la conciencia abierta de un mundo
que se derrama?
¿Y qué hiciste? ¿Hiciste algo?
¿O caminaste como un furtivo
el tiempo que tardas
en pasar del infierno
a tu edén?

LIV

EL ÚLTIMO INSTANTE

A los ancianos que sufren las guerras.

—Hubiese querido volver
a pintar las paredes de blanco.
Para que el sol no caliente
tanto la casa.
—Tenía que haberlas pintado. Sí.
—Dejé la comida en el fuego.
—No recogí la ropa tendida.
—Serán casi las dos de la tarde
y los nietos aún no llegaron.
—Vendrán pronto.
—Y todo esta frío.
—Al menos yo tengo mucho frío.
—Siento un zumbido...
—Me falta el aliento.
—Creo que dejé la puerta
abierta.
—Estoy tranquila.
—Sin poder abrir los ojos.
(Hubo un bombardeo)
—Quizá estoy muriendo
y no pinté la casa,
ni apague el fuego.
—Estoy muriendo
sin hacer mis cosas
antes de morir.

Tratando este momento. Tenso.
Como si fuese la primera vez.
—Es, la primera vez.
Ahora me agarro a la soledad
de estar negando lo cierto.
Que es que muero.
—Y mi casa blanca sin pintar,
mis nietos sin comer,
mi marido masticando la tristeza
y yo envuelta en el secreto
de todo naufragio
que es el último viaje.
La total soledad.
¿Aún quedará tiempo
para mirarse
y acostumbrarnos
a quedar encerrados
entre los ojos?
No hay tiempo.
Solo para saber de mí
un segundo antes
y contemplar la quietud de un rostro. Oscuro.
Destrozado por las bombas.

Tercera parte

EL SUEÑO DE ARES

«Para la mayoría de los hombres
la guerra es el final de la soledad.
Para mí es la soledad infinita».

Albert Camus

LV

FRUSTRADO

Frustrado en la cocina
mientras escucho la radio
y parto el último
cuarto de cebolla.
Intento recluir en la cabeza
la condensación
de tantas noticias
que a un lado y otro del mundo
suenan como un *rock and roll.*
Abrasado. Viejo. Cansado.
Comprimo la respiración
mientras comienza a hervir el agua.

Hay momentos en que echo de menos
fumar un cigarrillo.

Miles de personas mueren
aplastadas por metralla.
Hombres y mujeres.
Seres reales.
De carne y hueso.

El río de mi sangre
se hiela.

En el humo de la cocina
descubro la furia de mis adentros.
De mi yo.

Como diría un abuelo...
Me llevan los demonios
al saber que nada puedo hacer.
Al ser un simple peón del tablero.
Un simple escuchador de atrocidades.

A solas me veo sorprendido
mientras dejo caer los macarrones
en el agua hirviendo
por la noticia de un hospital en llamas.

Entre el silencio
imagino los gritos,
las maldiciones
entrecortadas,
los ojos sin luz,
el momento
de pasar por la vida
sin un asiento asignado.

Entre la plácida luz
que el mar desprende
ante mis ojos
creo sentir el fogonazo
perdido de unos minúsculos
metros de tierra
a miles de kilómetros
de distancia.
Una distancia
que me hará olvidar
el dolor en unas horas.

Descubro entre el cristal
de la vitrocerámica
mi cara de cemento,
el poder que da el dolor
de lo ajeno,
la seguridad de saber
que todo está lejos.

LVI

¿QUÉ MÁS DA?

¿Qué más da la camisa
arrugada
o los zapatos sin cordones?
¿Qué más da
el botón que falta en el abrigo
o la mancha en la chaqueta?
¿Qué más da
el pelo con canas
o las manos agrietadas?
¿Qué más da
el perfume que ya no llevas
o las abultadas ojeras
que te descubren el dolor?
¿Qué más da lo que aprendiste
lo que diste o te dieron?
¿Qué más da lo que viste
lo que dejaste de ver?
¿Qué más da donde dejaste
el último sueño,
donde soñaste una vida normal?
¿Qué más da?
Vivir sin vivir.
Olvidados por el afilador
de estrellas
que sobrevuela
nuestro mundo
empuñando una espada de fuego.

¿Qué más da la biblia
cuando tienes hambre?
¿Qué más da el Corán
cuando tienes sed?
¿Qué más da la Torá
cuando tu pueblo huele a muertos?

¿Qué más da
el desencanto de un mundo
encerrado en el pasado?

¿Qué más da creer o no creer
sin libertad?

Niñas violadas, niños secuestrados,
mujeres invisibles enroscadas
en las esquinas del alma.

Dioses dormidos
en esta partida definitiva
que juega el mundo.
¿Qué más da la arruga
de tu camisa,
la sed y el hambre
entre padres que
exponen a sus hijos
muertos en los telediarios
de todo el mundo?
El mundo.
El mundo se detiene.

Los lamentos
no son más que cenizas
que nos abrazan.

No hay claridad.
No hay esperanza.

Nadie termina de saber
para qué está aquí. Por qué está aquí.
¿Qué más da?

LVII

UNA LEVE LÍNEA

Las mentiras
siempre son más grandes
cuando las cuentan los demás.
Son como lugares abandonados
detrás de una vieja casa.
La mentira es blanca para quien la dice
y polvo para el que escucha.

¿Qué diferencia mentira y verdad?
¿En qué línea está la razón?
¿En dónde matas?
¿En dónde te matan?

¿Te engañan o crees?

LVIII

CON LA BOCA CERRADA

No sé si mañana es miércoles,
tal vez uno de nosotros lo aplace.
Esto quiere decir que estamos
ocupados.

Mohammad Hudaid

Debería estar prohibido
destruir el silencio.
Quizás pecaríamos menos
con la boca cerrada.

La nada
se parece al mundo que hemos creado.

LIX

ESPERAMOS UNA PALABRA

Desde las cómodas
cadenas de la democracia
afirmo el escepticismo
que provoca su pasividad.
El generoso sosiego
que queda
ante el propio fuego
que la sangre hirviendo
vierte
sobre mentiras
mil veces dichas.

Murmullos como agua de río
y embriagadoras palabras
que acuñan su aliento
sobre oídos ya sordos
y sin consuelo.
Calan cada amanecer
como el agua que murmulla
en el tiempo.
Siempre la misma agua.

Así son las mentiras
de nuestra democracia,
siempre murmullos embriagadores,
siempre enmascaradas
con perfume
para ocultar su hedor.

Declinadas como una noche
nómada.
Arrojadas a la luz
para que a contraluz
parezcan verdades.

Esperamos una palabra
al final de la corriente.

Apacible. Plena.
Como una gaita
en plenas montañas.

Una palabra
que atraviese la humanidad
como un manantial
sereno.

Esperamos a los hombres buenos,
a los buenos hombres
llegando a lo lejos con luz.
Con la luz que apague
este desierto que es el mundo.

LX

LA MEMORIA QUE RESUCITA

Vengo del recuerdo de los
asesinados,
del recuerdo que no
distingue entre el niño
asesinado y el dormido.

Najwan Darwish

Esta leve línea
que resuelve
las delgadas calles
donde se extingue
la cordura
transformando todo
en una envolvente
destrucción
que desprende gemidos. Prolongados.
Como una columna
derribada en el camino.
Esta delgada línea
que nos envuelve,
os envuelve las caderas y os atrapa
hacia una puerta
donde tu cuerpo se queda
y tu alma quebrantada se va. Oscura.
Dibujada como unos labios grises
y unas lágrimas desnudas.

Esta delgada línea que se desprende del camino
y os deja inertes.
Con el corazón helado. Sin una sola palabra.
En silencio. Un silencio secreto. Como una pausa.
Una pausa entre la vida y el secreto del más allá.
En la intimidad más honda
buscas los dedos de Dios. Su mano.
Para encontrar algún sentido.
No creo que la verdad se esconda
detrás de un latido íntimo.

La verdad está aquí
en la memoria que resucitas
cada día.

Pierdes cuando la noche
se llena de ausencia.

Apareces distinto
en las puertas
de una isla
donde los querubines
te regresan.
Aún no es el momento.

LXI

DIGO ADIÓS

Pongo la memoria
en camino cada noche.
Hacia un viaje
donde nuestros hermanos
sufren.

Digo adiós a Dios
por si no vuelvo cuerdo
y transito recónditos lugares
donde todo es miserable,
incluso las miradas.

LXII

Y FUE...

Y fue Ser
y Dios le dio muerte.
Con una espada clavada
sobre la tierra y su corazón.
Como un hacha
sobre un árbol desgarró la raíz
de su vida.
Y fue
sin tiempo
de vivir,
y Uriel le llevó
junto a Dios
ondeando sus alas,
donde el alma es fuego.
Donde el viento es invisible.

LXIII

NUBES DE ALGODÓN

Sueños imaginarios
concebidos en un misterioso
viaje
cementan el cielo
para jugar descalzos
y sin alas.
A los niños desmembrados
en tan alegres guerras,
en tan traviesas venganzas
que depuran existencias
antiguas,
les iluminaremos
un rincón de inocentes
en un paraíso ya repleto
de nubes de algodón.

LXIV

COLOR GRIS

Grandes potencias
sumergidas en grandes
sueños que nombran a Dios
como juez,
dibujan el mundo
de un color gris.
Negro.
Dominado, adoctrinado.
Donde solo el frío
de la vida manda.
Anda quieto el mundo.
Como si nada pasara.
Con la mirada ausente.
Como si no pasara nada.

LXV

HOY ES MARTES

Hoy es martes. Hace calor.
Despertaste a las nueve.
La hora más azul
de la mañana.
Las palmeras que hay
frente a tu casa
dejan caer sus ramas húmedas
sobre el tronco fuerte.
Respiras el mar
frente a tus ojos.
Qué bonito es vivir.
El viento suave silba despacio
entre las ventanas.
En casa, el mundo
es la orilla donde
las horas no importan.
Hoy es martes. Hace calor.
Fuera está el infierno.
La casa es la orilla
donde el mar detiene
su bravura.
Donde se respira
un poco de verdad.

LXVI

Y SIN EMBARGO

Corre a ti esta noche
una palmera que quiere
dormir entre tu cama.
Rechaza la noche
del trigo, del espíritu
y te devuelvo el verdor.

Fakhri Ratrout

Y sin embargo...
entre la luz que no brilla,
la asfixia hundida
en el pecho,
la soledad de vivir
sin destino,
la suciedad
de los condenados
a no disfrutar nada
hay un lugar
para la esperanza.
Está en el cielo.
Dicen que se llama Paraíso.
Y el afilador de estrellas guarda sus llaves.
Allí todos son dichosos.
Duermen entre aires de incienso
y resplandecen como la luz.

LXVII

SOLOS

Están solos.
Los de arriba sordos,
los de abajo muertos.
Hay solos poderosos.
Solos malvados.
Todos solos.
Los solos poderosos
os destrozan,
los solos malvados
os matan,
los solos normales
sordos y solos.
No hay comunicación posible.
Estáis muertos en vida.
Solos, sordos, invisibles.
Sois islas encerradas en monasterios
escondidos.

LXVIII

OS PIENSAN

Deciden por vosotros,
como ásperos trozos
de roca.
Os piensan
sin alma,
sin piedad.
Solo os queda
como arma
la duda.

LXIX

TRISTEZA

Tristes guerras
se tejen en un trozo
de tierra.
Triste tierra
se desangra en un trozo de guerra.
Pequeño.
Asfixiado.
Sin poder gritar.
¡Qué triste desangrarse!
sin poder gritar.
Como a quien
cortan la garganta.

LXX

REFUGIADOS SIN NOMBRE

La muerte no duele
al muerto.
Porque ya no se piensa,
ni se ama,
ni se esconde
como un amor de infancia.

Solo queda viva
la muerte en los demás,
en los que buscan
entre borbotones
de angustia.
En los que habitarán
la noche
los próximos años.
La muerte no duele.
Pero deja el alma
como un barbecho...
porque busca
entre las heridas
de los que quedaron
y se esconde en cada
célula,
en cada rincón que se adentra
hacia lugares sin nombre.
La muerte no duele.

Quema. Arrastra lamentos
en los que quedan
muertos en vida.

La muerte
en los campos de refugiados
tiene un olor fuerte. Dicen.
A santidad. A inocentes.
A ira contenida.

LXXI

EXILIADOS

Nunca dejaré de
ser libre.
Voy a cantar los deseos
de mi espíritu,
incluso si vas a
aplastarme con cadenas.
Mi canción manará
a raudales desde el fondo.

Fadwa Tuqán

Irán hacia el regreso
de una memoria impertinente.
Huyendo de la preciosa
esperanza
que conoció la niñez
de sus ojos.
Incertidumbre llevan
en el polvo de sus zapatos,
escrita con gramática
abandonada.
Irán hacia el pasado
sin horizonte, ni presente.
Exiliados de todo.
De sí mismos.
Agobiados de tierra
sin tierra.
Huyendo de todas partes.

Mudos.
Con la cabeza agachada
como quien comete un crimen.
Perseguidos por fantasmas.
Abandonados.
Cuando busquen
entre los muertos de su mente
dormidos ancestros
de la locura,
encontrarán un reloj parado.
Vacío. Sin horas para contar.
Deformado
como un viaje
que regresa a la memoria.

LXXII

BIENAVENTURADOS

Bienaventurados los que derramados
en el suelo como trozos de carne
yacen muertos porque vuestro será el paraíso.
Bienaventurados los que no habéis conocido
la tranquilidad de una vida en paz
porque vuestro será el silencio
del firmamento.
Bienaventurados los hombres y mujeres
llenos de arrugas y de años. Años de dolor
y arrugas de sufrimiento porque vuestro
será el sillón junto al más justo.
Bienaventurados los que vivís en casas
de papel porque vuestros serán los castillos
de una nueva ciudad llena de luz.
Bienaventurados los que cruzáis
los mares con maletas vacías de presente
y manos llenas de sueños porque vuestros
hermanos os ayudarán a vivir un mundo nuevo.
Bienaventurados los que vais desnudos
porque los ángeles os arroparán con plumas
de seda y abrigos de algodón.
Bienaventuradas vosotras mujeres y dichosas
porque sabéis mejor que nadie lo que es sufrir
por los demás, porque vuestro
será el primer altar en lo más alto.
Estaréis en la mano de Dios sentadas. Dichosas.
Bienaventurados los seres de luz que ayudan
a tanta gente que sufre porque de ellos será la llave
del cielo y el fuego que dé luz a este infierno.

LXXIII

ABUELAS

¡Regresaré, es necesario
que vuelva!

FadwaTuqán

Cara enjuta.
Arrugada. Triste.
Sin mirada.
Ausente.
Manos agrietadas.
Arrugadas. Tristes.
Sin tacto.
Ausentes.
Pies rajados.
Arrugados. Tristes.
Sin camino.
Ausentes.
Cuerpo sin alma.
Arrugado. Triste.
Ausente.
Alma en tránsito.
Arrugada. Triste.
Ausente.
Lágrimas inútiles.
Sin camino.
Arrojadas como vómitos.
Ausentes.
Tristes.
Vacías.

LXXIV

LOS NIÑOS

Los niños pintan en el suelo
animales y árboles deshojados
mientras la fría tarde
ilumina suavemente
la vieja montaña.
Se van desdibujando
ante el ansia del anochecer
en sus primeras horas.

Huele a tiempo
húmedo y pálido.
Los niños están callados.
Callados.
Como quien no tiene nada
que decirse.
Como un reloj sin cuerda.
Entre el polvo
de esta tierra pálida.

Los niños pintan en el suelo
animales y árboles deshojados
mientras la fría tarde
busca la noche
y el día se muda sombrío.
Desaparece la luz tenue
como si una espada
cortase
el último aliento de luz.

Los niños pintan en el suelo
animales sin vida y árboles
sin hojas.
Testigos del griterío
que los mayores
muerden,
escuchan entre voces
manantiales de sangre
y ven equipajes
en un navío que arde.

Parece el desierto
un barco en llamas,
un mar sin camino.
Un futuro deshojado
como árboles.
Muerto como los animales
pintados en el suelo.

LXXV

EL PENSAMIENTO DE AKRAM

Mientras el presente te confunde
más soledad sientes.
La misma que al nacer
—agónica, cruel, esquiva—
sigues pintando en el vacío
racimos de sonrisas.
Las mismas que tu madre
al verte por primera vez,
tuvo.

Cierras los ojos
y piensas que este desierto
será un pensamiento
irreal.

Para el hombre, la sed
y la miseria
hacen que la prisa
por vivir el presente
convierta el futuro
en una estatua.
Dura. Fría. Interminable.

LXXVI

PERDÓN

Admite que nutrir la esperanza
no es como regar una flor
en el patio de una casa.
Necesita silencios.
Perdón.
Engendrar desconocidos
encuentros.
Redimir el sufrimiento.
Hablar.
Admite que para callar el dolor
hay que perdonar.

LXXVII

BUSCANDO UN FUTURO

Pisas ciénagas y pantanos de lodo.
Fracasas.
Grandes fracasos. Como un océano
de luz.
Nunca llegas a la orilla.
Das unos pasos.
Buscas la libertad.
Te sientas en el alfeizar
de una ventana
y piensas
en el azul del cielo,
el verde del campo,
el ocre del otoño.
Mañana volverás a cruzar
la raya del día
en nombre de Dios.
Pisarás ciénagas
de nuevos fracasos
y volverás a levantarte
buscando un futuro incierto.

LXXVIII

LUZ

En el comienzo de la luz
hay fragancias que os abrigan.
Nubes dibujadas
sobre espigas.
Naturaleza que zambullida
en himnos goza
de labios que la cantan.
En el invierno
de vuestra historia,
lejos de las colinas
del presente,
como una esmeralda
bordada en tu pecho,
nace la esperanza
de una paz eterna.

LXXIX

EL AFILADOR DE ESTRELLAS

Podemos perdonar
fácilmente a un niño
que tiene miedo a
la oscuridad,
la verdadera
tragedia de la vida
es cuando los
hombres tienen
miedo a la luz.

Platón

Tú eres el arcángel
que todo lo acecha,
la tumba abierta
que ofrece el paraíso,
el cieno que te pudre,
la espiga y el fruto.
El eterno periodo del purgatorio
donde el fuego
se borda en líneas de tristeza.
Eres el fuego y la luz.
La noche callada
que destila
el olor de tu presencia.
Un lejano sentimiento.
Como corazón de miel.

Palpita el último latido
del mundo
con los ojos abrasados.
Guardián del Sol.

Eres Uriel.
Quien apenas duerme.
Sentado estás en la casa alta
de la melancolía
frente al pálpito del viento.

Golpeas tambores
de desesperación.

Inundas el cielo de querubines
que llaman con trompetas
a los caballos del Apocalipsis.

El cielo huele a hierro
de tanta guerra.
Los ángeles y arcángeles
habéis olvidado el mundo.
Asesinado por sí mismo.
Olvidado de su propia
esencia.
Arcángeles que existieron
en campos de amapolas,
lejos de ojos con llanto.

Vives en el pasado
guardando las llaves del bien,
plácido en tu memoria.

Eres afilador de estrellas.
Arcángel de la Luz.
Iluminador de los valles
más íntimos del alma.
Hueles a incienso
y a manzanas.
A tierra húmeda
y praderas repletas de flores.

Surcas la tierra de cristianos,
árabes y judíos vestido
con rayos de sol y perfume de olivos.
Destilas aromas de dioses que habitan
un invierno infinito.

Vuela afilador.
Grita.
Abrazado a las cadenas
de versos eternos.

Vuela majestuoso.
Rompe el cielo a su paso.
Hunde tus raíces.
Huele el hambre, el cansancio,
el sudor, el frío. El frío que nos devasta
la vida.
Deja vivir este mundo en paz.
Sé mensajero junto al amado
arcángel Gabriel.

Guía a tu pueblo
fuera del margen del mal.

Donde descansan las colinas
de tu templo.

Uriel, guardián de los muertos.
Rey de la noche y las estrellas,
danos la luz que guardas
para el paraíso.

Mira el horizonte
tenue y en calma.
Traza las líneas
necesarias en el firmamento
para que las estrellas
estén alineadas
con el bien.

LXXX

RECUERDO

Contarás las flores de las tumbas
y serán verdes espinas las que coronen
los presagios.
Reclamarás a las viejas aguas del Mediterráneo
el rumbo que dirija la deriva.
No temas al sol más que a la batalla
de hombres que rezan
sin conocer el temor
de las olas de la muerte.

LXXXI

EL BARZAJ

Derramados como agua de cántaro roto
en la oscuridad del sótano del mundo.
Niños asustados.
Como ramas de árbol partido.
Pequeñas, tiernas, débiles.
Niños con espanto.
Escondidos en el frío rincón
que presagia sueños malditos.
Niños.
Asustados. Presagiando una ejecución divina.
Huérfanos, tal vez, tras la noche malvada.
Niños, solo niños.
Recostados en la oscuridad del cosmos.
Sentados sobre las lágrimas de Dios.
Turbados, con asombro.
Niños, desconfiados.
Derramados como agua de cántaro roto.
En la oscuridad.
Escondidos, acurrucados.
Prendidos de dolor.
Marchitos, desmembrados, difuntos.
Solo eran niños.
Ahora estrellas afiladas
alumbrando el Barzaj.

LXXXII

MAR DE GAZA

Las olas eran tan altas que podían mojar
las alas de los pájaros.
Y pensabas en el agua como un lenguaje
que rompe el espacio infinito de la arena.
Las nubes, las olas, la arena.
Los pájaros, rompiendo el ancho aire.
Te contaron historias lejanas.
Entre soledad y soledad.
Repetidas. Densas.
Penetrantes. Como una sombra sin cuerpo.
Te contaron que el mediterráneo
bendice las ligeras llamas
que aun humeantes dan calor
a un pueblo desnudo.
No es lo mismo mirar al mar
que él te mire a ti.
Él nos ve callados, con desgarro,
con la cabeza baja.
Ya no juegan los niños con el mar.
El mar está más nervioso que antes.
El mar casi toca las nubes esta noche
y las olas son tan altas.
Sus formas se repiten. Infinitas.
El mar seguirá estando
cuando nadie quede.

LXXXIII

EL ESPEJO

En cada respiro
acoges de nuevo
tu nada.
Mostrándote ausente
en la realidad
de un espejo invertido
donde la realidad
se borra
y la verdad, aparecida,
te prende.

LXXXIV

DIOS SABE QUE EXISTES

Dios sabe tu nombre,
conoce tu rostro,
la verdad de tus palabras.
Seguro que a veces tiene nostalgia
de ti.
Se sorprende con la realidad
que le ofreces.
Dios te escucha,
quiere que existas,
que estés, en el centro.
Dios sabe de ti,
conoce tus miedos y tus sueños.
Quiere que vivas, que luches.
A pesar de todo.
A pesar del dolor.

LXXXV

LOS CAMINOS

Presientes en los caminos
arena y silencio.
Ramas secas
pidiendo permiso al viento
para correr o volar.
Tierra dormida,
piedras desparramadas.
Árboles mutilados,
frágiles.
La noche nace en los senderos
mientras el afilador
con su puñal
de luz enciende las estrellas
que entre la oscuridad
derramada parecen pájaros
que huyen.

LXXXVI

POLVO ERES

De los hombres recordarán los siglos sus huesos
y el color de su tristeza.
Ya no quedará palabra que los defienda,
ni razones
por las que acariciar
nuevamente el viento.
De los hombres recordarán
los siglos su torpeza.
Palabras mudas. Silencios.
Pulvis es et pulverem reverteris.

LXXXVII

EL DESTINO

Podríamos estar allí
pero nacimos
en la otra orilla.
La alegría de nuestras vidas
fue cuestión de geografía.

LXXXVIII

LA SONRISA DE LAS RATAS

Llegar hasta el crepúsculo
después de un largo viaje.
Lo sabía entonces y lo sé ahora.
Que el mundo nos duerme,
nos eleva como conciencias
o nos hunde como necios.
Siempre se llega tarde
cuando en los mapas
ya están dibujadas
las promesas de una victoria.
Las soledades cuelgan de las casas
abrasadas.
Los perros comen perros. Muertos.
Cientos de palomas pálidas
buscan su futuro.
Aun más tarde se llega
cuando en el tablero
está dibujada la derrota.
Y las puertas están cerradas,
la ropa tendida huele a frío
y rastros de sangre herida
aguardan los gritos de las ratas.
En la derrota,
siempre hay ratas.
Como en la muerte. Desnudas.
Y se ríen, del mundo, sin conciencia.
De su derrota.
Del frío que nos envuelve.

LXXXIX

UNA BALA CRUZADA

(Llanto ante un amor asesinado)

Una bala cruzada
te dejó
sin tu saliva, sin tu elevación torácica,
sin el vaho de tu boca, ni tus labios rojos.
Sin tus ojos abiertos y tu pelo suave.
Sin tus uñas de colores, sin tus manos blancas.

Desnuda. Desnuda de ti misma.
Pareces ausente.
Como quien se marcha sin querer marcharse.
Sin tu voz, ni tu sonrisa,
ni las mejillas brillantes.
Pareces dormida. Con la belleza
de quien duerme sin tener que despertar.
Te fuiste sin decir nada.
Me dejaste desecho.
Arrodillado.
En un lodo inalcanzable.
¿Y tengo que respirar?
No quiero dejar la ventana abierta
para que el viento no juegue
con tus cabellos.
Tienes los pechos dormidos,
las manos flácidas,
el futuro esperándote, en un hueco.

Ahí, dormida sobre tu pena,
con la certeza de haber encontrado
la verdad más profunda.
Empapada
en
miedo.
Has cambiado mi vida.
Te fuiste como hoja de otoño,
como gota suspendida en el aire.
Sonriendo en tu propia tristeza.
Estás preciosa. Abandonada
de ti misma.
Envuelta en la despedida de tu nombre.
Pronto te perderás en las flores
de las montañas.

Serás en un instante
conciencia eterna.
Me despido de tus ojos, de tus pestañas,
de tu boca, de tu pecho.
De tus manos, de tus dedos, de tus uñas.
De tus pies, de tus cabellos, de tus besos,
de tu lengua.
Y también de tu mirada.
Me rindo fracasado a tu memoria.
A la nostalgia de ver tu cuerpo
rígido. Embalsamado.
Caminando al pozo que abrasará mis días.

XC

QUÉ EXTRAÑO

Qué pereza resucitar.
Rodeado de ángeles.
Cuando apenas unos días antes
mi cuerpo eran restos
que alimentaban entre el frío
a animales moribundos.

Creo que me han dejado
traerme conmigo mismo. Solo.
Evaporado de lo que fui.
Creo que seré un futuro infinito.
Desconozco si parezco aire.
Busco las heridas
en medio de un invierno sin ruido.
Qué pereza resucitar.
Dejar la existencia.
Guardada para siempre.
Sé que extraño.
Siento el calor del hogar.
Me da pena inundarme de llanto.
Es extraña la soledad de un fantasma.
Consumirse en la eternidad
sin esfuerzo.

XCI

PALESTINA

Permanece la luz pura
sobre el desolado domingo
que gotea
derrumbando el silencio.
El viejo valle, recogido
entre colinas,
celosamente oculto,
inunda de silencio
este trozo del mundo
donde es eterna la sombra.
Palestina en ocasiones
es azahar, almíbar, té,
vocerío de almas heridas
vendiendo vida.

El día atropella
como una brasa encendida
el irreal mundo que se extingue.
De repente
este pueblo de espinas
bailará algún día
sin pisar charcos de dolor.
Palestina también merece
un latido que lleve a la esperanza.

XCII

UN NUEVO DÍA

Escondido en el invierno.
Entre escarcha y tierra
aguarda el amanecer.
Bendito fruto
que el sol regala
cada día.
Motivo de esperanza.
Bendita alegría.
Bendito amanecer.

XCIII

TE HE VISTO EN EL TELEDIARIO

Te he visto en el telediario
caminar desnuda,
blanca, con el pelo quemado,
desecha de ti misma.
Como una virgen sin trono.
Perdida entre el equilibrio
roto de tus pies al temblar.
De miedo.
Mientras comía. Te vi. Sola.
Asustada.
Con una llama de fuego
escrita en los ojos.
Dejo por unos instantes
de mirarme a mí mismo.
Me quedé en silencio.
Ante ti. Extraviada.
Pisando las brasas del infierno.
Con sed, con hambre,
con el rugido del dolor
clavado en el alma.

Me duele el espacio que nos separa.
Me duele no hacer nada.
No poder hacer nada.
Me duele ser
un simple espectador
de tan brutal genocidio.

XCIV

KFAR AZA

Silencio de la celestial llave
que derrumba la noche
bajo el viento
en la paz de Israel.
Kfar Aza encuentra
la sombra vestida de espanto
en el desierto de Néguev.
La sangre salta de las venas.
Caminos polvorientos,
mar de llanto,
noche sin rostro. Solo noche.
Plegarias, sonidos sordos.
Silencios como agua entre la luz.
Almas volviendo a su origen.
Todos volvieron a deshacerse
en la tierra.

Como arcángeles sin consuelo
entre la miseria sombría
de una sinrazón eterna.
Asesinados. Todos. Despojados.
Como sombras hondas
que de pronto alumbran el cielo.

XCV

DESPERTAR

Y de pronto con la soledad
inmensa de mirar otros rostros
que piden auxilio
existen en el mundo
otras miradas, otras conciencias
que quieren justicia.
Que quieren dignidad.
Y de pronto vuestra soledad
no es tanta soledad.
Vuestro dolor es nuestro dolor.
Somos hijos de un mismo techo,
escuchamos los mismos
nombres cuando el corazón
late.
Y de pronto el mundo
empieza a despertar.

XCVI

PERSEGUIDOS

A los cristianos asesinados.

Sobre un peldaño del mundo
alguien los acusa.
Repentinamente caen cabezas. Con odio.
Como partes de una estatua atormentada.
Los acusan, los culpan,
porque el mundo herido
busca desenterrar las brasas
de su fracaso.
Son cristianos los que mueren.
Con alas blancas. Invisibles.
En todos los conflictos mueren.
En silencio.
Huelen a alma desprendida,
a cuerpo arrastrado,
a Cristo en la cruz.
Nadie los nombra.

XCVII

DESNUDO DÍA

La tarde está resucitada.
Hoy el mundo arrastra una canción
herida por tormentas,
de toda la vida.
Pero la tarde sigue viva. Toda.
Desde el amor del crepúsculo
hasta el atardecer.
En las entrañas de las nubes
una lágrima humedece
la triste inexistencia del amor.
En el horizonte
el mundo se hace pequeño.
Buscando un sueño vas
envuelta en colmenas de estrellas,
arropada de arcángeles.
Encogida. Toda tú, como un instante.
Todo puede cambiar,
pero hoy no hubo guerra
ni suenan las sirenas.
Fue extraño.
Jugamos a salvar la memoria.
A guardar los recuerdos tropezados,
como trozos de papel. Arrasados.
En la conciencia.
Hoy nacimos otra vez.
De nosotros mismos, puros.
Bendecidos de nuestro dolor.

Perdonados por no saber si vivimos
en ayer, en hoy o en mañana.
Hoy fue un día de reino. De luz fugaz
con presencia de Dios en el frescor
del atardecer.
Viviría así el resto de mis días
abrazada al viento que lentamente
busca el otoño.

A la tierra que muda su piel
caminé entre briznas de vida
y bendecida
me encontré con el sagrado racimo
de la libertad.
Al menos hoy.

XCVIII

MARCADOS PARA SIEMPRE

En todas las guerras
se hace un daño
que es cuadrado.
Un daño con cuatro puntas
que te atraviesa el sentimiento
y no te deja entrar ni salir.
Daño cerrado. Eterno.
Para siempre.
Un daño que dormirá contigo.
Comerá contigo. Viajará contigo.
Se enterrará contigo.
En toda guerra el dolor es tan hondo,
tan cuadrado. Como una sepultura
para dos. Tú y tu vida.
Los dos, heridos, para siempre.
Marcados.
Toda guerra se acaba.
Pero su peso queda. Intenso.
Resucita al despertar. Quema.
Se oyen pasos, vacíos,
como en una playa una noche de enero.
La guerra sigue en ti, pálida.
Vuelve cada noche en tus sueños.
Honda. Oscura. Como tenebrario encendido.
Va a tus adentros
como una enredadera
que te asfixia.

La guerra no se para, no se apaga.
Es una luz siempre encendida.
Un fuego siempre ardiendo.
Un sendero sin fin.

XCIX

ALELUYA, ALELUYA, ALELUYA, ALELUYA

Cierren los ojos.
Inundados de agua.
Entre campos marinos de medusas.
Contengan la respiración. Olvídenla.
Lo que fue. Todo. Acabado ya te desafía.
Aleluya, Aleluya.
El mundo es un bosque en llamas. Acabado.
Al fin lo hemos conseguido. Todos.
Imagina el mundo extinguido.
Terminado.
Aleluya, Aleluya.
Cerrar los ojos. Todos.
Para no abrirlos jamás.
Todos.
Aleluya, Aleluya.
Invisibles, ceniza sin resurrección.
En un mundo sin hombres
¿qué Dios reinará?
Aire limpio de sombras,
ciudades calladas como encinas
en los montes,
lluvia que palpitando sobrevuela
las calles tristes del silencio infinito.
Aleluya, Aleluya.
Algún día nadie vivirá en este mundo
sin mundo, en esta mentira
que inventó un Creador.
Cierren los ojos.

Para siempre.
Sientan la paz de no vivir.
La necesidad de ser solo infinito.
La bondad de Dios al final
nos liberará. Nos acabará.
Como todo acaba.
Aleluya, Aleluya.
Un mundo sin mundo.
Sin almas, sin mentiras.
Espejo de un cosmos gigante.
Algún día todos seremos
un invento del Creador. Mejores.
Solo almas sin cuerpo.
Aleluya, Aleluya.

C

CISNES BLANCOS

En las guerras nacen cientos
de niños de mujeres violadas y
humilladas. A ellos. A ellas.

Naciste de un parto asqueroso.
Impuro. Engendrado en el espanto
de un génesis incierto.
Fruto de sombras impenetrables
que te penetraron mientras se oscurecía el alba.
Has venido dormido.
Como un insecto celeste
abrazas el vientre.
Esperando, perdido, la hora precisa
en que el destino te cobije.
A la hora de la soledad,
donde todo comienza y hace frío,
viajarás ignorado del mundo
como una luz sin luz.
Lleno de ti mismo. Vacío de todo lo demás.
Serás el eco de una piedra
que cae y nunca alcanza el profundo silencio
de quien flota.
La noche que violaron a tu madre
las entrañas de su tierra eran duras.
Sus labios secos. Cerrados.
La pálida tristeza se derrumbaba en sus caderas.
Hasta la oscuridad se avergonzó
de su memoria.

CI

CISNE NEGRO

Simulas amar a Dios
mientras guardas en el bolsillo
el casquillo del último disparo.
Respiras el oscuro viento
que reina en lo que queda de ti.
Pasas en vela tu vida.
Tu corazón late más fuerte.
Desnudo.
Sin lugar donde resguardarse.
Esperas la misericordia
de los cadáveres
que arrojaste como flores negras
a la tela de araña. Que es la muerte.
Silenciosa. Infinita.
Envejeces por minutos.
Oxidado de delirios y pecados.
Tus ojos son piedras que cubren el llanto.
Cada día surges de la nostalgia
de un encuentro.
En el alba y el lucero buscas un lugar
donde aún brille el Dios que te perdone.
Tus palabras solo expresan engaños.
Vivirás eternamente en el lugar
más triste del mundo.
Aún guardas
el último casquillo de tu último disparo.
Lo acaricias como a un cisne oscuro.

Con las manos de vidrio.
Buscas
en su caricia tu alma en su infinito.
La soledad de una brisa que despliega
caminos errantes. Sin destino.
El alma está sentada en tu rostro.
Tu rostro sentado sin alma.
Se buscan. Se hieren.
El anochecer se acerca.
Aterrorizado él.
Aterrorizado tú.
Lloras. Desprendido de tu cuerpo.
Sobre silencios inmensos.
Sobre recuerdos que te aturden.
Imágenes de niños, de hombres
ya cubiertos de arena.

Niegas en tu mente sus nombres.
Todos tenían nombre.
Buscas
en el tiempo desplomado
las heridas que escondes.
Algunas tan grandes.
Buscas
en las noches de tinieblas
el oscuro encuentro con la luna
y los aullidos de los hombres muertos.
Asesinados. Por ti. Sí.
Todos tuyos, muchos. Demasiados.
Te buscan cargados de llanto.

Algunos con su pijama puesto
descienden del tiempo
y se sientan frente a ti.
Te reconocen. Hechizados.
Cada noche plantan sobre tus manos
un jardín de rencor.
Lo harán cada noche. Todas.
Eternamente.
Y no puedes con otro día.
Sentado en tu caída.
Rendido abres los ojos
y los ves a todos juntos.
Todos los casquillos de bala
junto a los difuntos
penetran en tus suspiros. Los bebes.
Los respiras.
Te enloquecen con su ruido esparcido
como pólvora negra
sobre una brisa tensa.
Tu conciencia es un valle.
Destruido. Derrumbado.
De seres atravesando las puertas
del desierto hacia un mar inmenso.
Todos quieren despedirse de tu rostro de hierro.
Desesperados. Solos.
Vestidos de un nuevo cuerpo
y con otro olor.

Todos quieren ver en ti el borde del abismo.
El desnudo segundo.

Saber por qué no dudaste
entre el cisne negro
o el claro azul del perdón.

El perdón que no diste
y ahora a tu dios ruegas.

ÍNDICE

Este libro se terminó de editar en Granada
en febrero de 2024 por

www.aliarediciones.es
info@aliarediciones.es